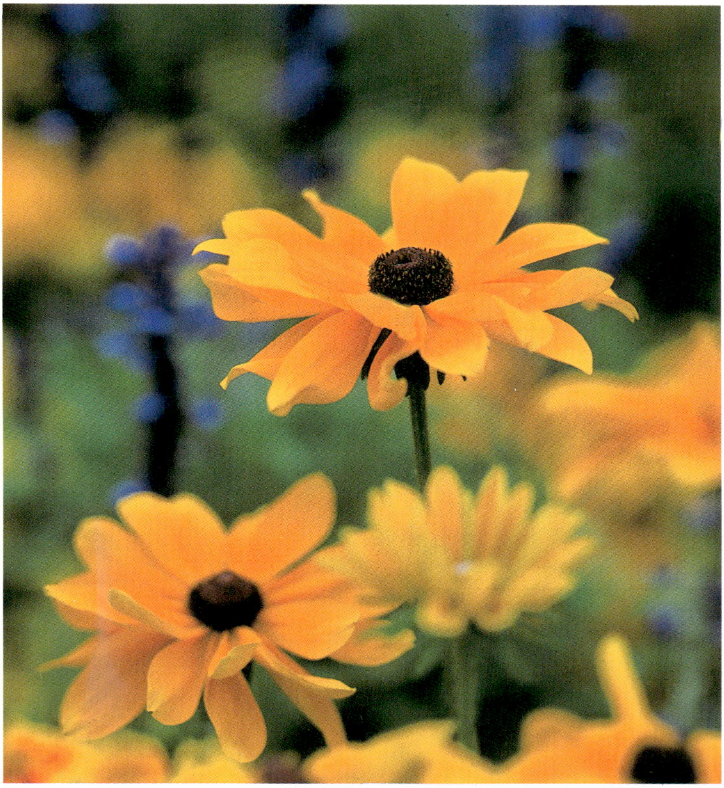

Ein neues Jahr ist dir geschenkt,
beginn es froh und fürcht dich nicht.
Gott geht mit dir, und Tag für Tag
fällt auch ins Dunkel sein Licht.

Am Geburtstagsmorgen

Worte, die uns Kraft geben

Am Geburtstagsmorgen wache ich meist schon ganz früh auf. Der Morgen eines neuen Lebensjahres – das ist etwas Besonderes. Bilder, Gedanken, Liedzeilen tauchen auf. Ich vernehme ganz deutlich die Morgenlieder aus meinen Kindertagen: „Aus den hellen Birken steigt schon die Sonn entgegen, ruft die stillen Felder wach und kündet Gottes Segen."
Gottes Segen – er hat mich begleitet, in Zeiten der Flucht und Gefahr, in Krankheit, tiefer Traurigkeit und überströmender Freude.
Die Morgenlieder aus meinen Kindertagen sind verklungen, wenn ich auch gerne jetzt noch im Freundeskreis „... und die Morgenfrühe, das ist unsere Zeit" singe. – Aber inzwischen sind es andere Lieder, die mich gerade an einem Geburtstagsmorgen bewegen, andere Worte, die mir Kraft geben und meinen Weg begleiten.
Es sind Lieder, die vor Jahrhunderten entstanden sind und uns noch heute durch ihre Glaubensaussage Trost und Zuversicht schenken.

> All Morgen ist ganz frisch und neu
> Des Herren Gnad und große Treu.
> Sie hat kein End den langen Tag,
> drauf jeder sich verlassen mag.

So singt Johann Zwick im 16. Jahrhundert und der große Liederdichter Paul Gerhardt lässt uns einstimmen in Worte des Lobens und des Dankens:

    Lobet den Herren alle, die ihn ehren ...

Mit Gottes Hilfe können wir getrost in ein neues Lebensjahr gehen:

    Gib, dass wir heute, Herr, durch dein Geleite
      auf unseren Wegen unverhindert gehen
        und überall in deiner Gnade stehen.
          Lobet den Herren!

Gute Weggedanken

Schätze, die uns begleiten

Ich fange den Tag gern mit einem Vers aus dem Gesangbuch an. Es sind so viele Schätze darin vergraben. Manchmal treffe ich beim Durchblättern wie zufällig auf einen solchen Schatz, der mich durch den Tag begleitet.
So eine „Fundstelle" entdecke ich in dem schönen alten Lied von Georg Neumark: „Wer nur den lieben Gott lässt walten ...". Nur einmal erscheint dieser Name im evangelischen und katholischen Gesangbuch – aber dieses Lied ist wirklich ein ökumenischer Schatz geworden.

> Sing, bet und geh auf Gottes Wegen,
> verricht das Deine nur getreu
> und trau des Himmels reichem Segen,
> so wird er bei dir werden neu.
> Denn welcher seine Zuversicht
> auf Gott setzt, den verlässt er nicht.

„Geh auf Gottes Wegen" – über dieses Wort sinne ich nach. Ich denke an die Erlebnisse, die uns auf den langen Pilgerwegen im Norden Spaniens nach Santiago de Compostella geschenkt wurden. Gehen ... gehen ... auf Gottes Wegen, die Gemeinschaft mit verschiedenen Menschen auf dem langen Weg erleben – aufbrechen. Vertrautes loslassen. Wunder am Weg in alten romanischen Burgen und Klöstern, am Wegrand Blüten und

Bäume entdecken … den zähen Löwenzahn bewundern, der zwischen Steinen und Geröll als Zeichen der Hoffnung wächst …

Das Erlebnis eines solchen alten Pilgerweges wird nicht vielen Menschen geschenkt. Aber viele Wege in unserer nahen Umgebung warten auf uns.

Jeden Tag nehme ich es mir wieder von neuem vor: Löse dich wenigstens für eine Stunde aus den Alltagspflichten, geh einfach los … nimm den Weg unter deine Füße …!

Und ich merke schon nach kurzer Zeit, wie Unruhe und Ungeduld von mir abfallen. Ich schreite gleichmäßiger aus. Ich lasse meine Augen schweifen, nehme die Schönheiten der ausladenden Äste der alten Eiche, das Silbergrün der Pappeln, die schwingenden Zweige der weißstämmigen Birke wahr.

„Wer einen Grasbüschel und eine Birke liebend ansieht, spricht mit Gott", heißt es in einem russischen Sprichwort.

Weg – das hängt mit dem Wort Waage zusammen. Ich spüre, dass die Schalen meiner inneren Waage langsamer schwingen, dass ich mein Gleichgewicht finde und allmählich zur Ruhe komme. Ich kann so manche Zipperlein, Verspannungen loslassen. Und gute Gedanken, manche Gedichtzeilen, Liedanfänge fliegen mir zu. Wie gut, dass ich immer ein Notizbuch bei mir habe …

Wenn ich dann erfrischt zurückkehre, merke ich, dass die guten „Weggedanken" weiterwirken – auf meine Umgebung, auf die mir anvertrauten Menschen. – Auf Gottes Wegen öffnen sich Grenzen und Räume …

„Gott stellt unsere Füße auf einen weiten Raum", heißt es im 31. Psalm.

Nun danket alle Gott,
der große Dinge tut an allen Enden,
der uns von Mutterleib an lebendig erhält
und uns alles Gute tut.
Er gebe uns ein fröhliches Herz
und verleihe immerdar Frieden
zu unsrer Zeit in Israel,
und dass seine Gnade stets bei uns bleibe
und uns erlöse, solange wir leben.

Jesus Sirach 50,24-26

Ich bitte nicht um Glück der Erden,
nur um ein Leuchten dann und wann:
Dass sichtbar deine Hände werden,
ich deine Liebe ahnen kann;
nur in des Lebens Kümmernissen
um der Ergebung Gnadengruß.
Dann wirst du schon am besten wissen,
wieviel ich tragen kann und muss.

Annette von Droste-Hülshoff

Am Geburtstagsmorgen

zu lesen:

Gott segne deinen Weg,
er begleite deine Schritte,
auch wenn Stürme
dir entgegenblasen
und Nebel dein Ziel verhüllt.

Gott segne deinen Weg,
er begleite deine Schritte.
Er stille deinen Hunger
und Durst
nach Zuwendung
und Liebe.

Gott segne deinen Weg,
er begleite deine Schritte.
Er schenke dir ein Licht
auf deinen Wegen,
wenn Dunkelheit
dich belastet.

Gott segne deinen Weg,
er begleite deine Schritte,
er schenke dir seinen Segen
lässt dich selbst zum Segen
für andere werden,
auch auf dem Weg
zu neuen Ufern.

(frei nach irischen Segenssprüchen)

Unsere Zeit

... nichts wird mir fehlen

Viel öfter – nicht nur an einem Geburtstag – sollten wir achtsam mit unserer Zeit umgehen. Da sollten Unruhe und Spannung keinen Platz haben. Wir können uns selbst Zeit schenken für Ruhe-Inseln, für phantasievolle, gute Träume. Wenigstens in der Phantasie können wir „unsere Seele baumeln lassen", uns an das erste Lachen unserer Kinder, die ersten Buchstaben, die ersten Schritte und schön gemalten Buchstaben erinnern ... an Ferientage am Wasser, wenn die Kinderhände begeistert den weichen Sand entdeckten ... wenn später Hügel und Berge gemeinsam erstiegen wurden ... die Feste mit Freunden ... Aber auch die Glücksstunden, die uns unsere eignen kreativen Kräfte schenkten, die gelungenen Photografien, die getöpferte Schale, das Aquarellbild mit den verschwimmenden Farben der Sommerwiese und des Bergsees ... Das alles sind gute, aufbauende Gedanken, die im Schatzkästlein unserer Phantasie aufbewahrt, aber jederzeit in einer geruhsamen Stunde abrufbar sind. – Stress, Spannung, Nervosität – diese Worte kommen in der Bibel nicht vor. Aber das Wort „Ruhe" wird uns zum Trost und zur Zuversicht immer wieder zugesprochen. – Welch schönes Bild schenkt uns der Psalmist im 23. Psalm wie einen Geburtstagsgruß:

... nichts wird mir fehlen.
Er lässt mich lagern auf grünen Auen
und führt mich zum Ruheplatz am Wasser.

Das Blühen will nicht enden

Ein Gruß aus Gottes Schöpfergarten

Die Seele nährt sich von dem, was sie freut (Augustin). – Ein Geburtstag ohne Blumen – ich kann es mir gar nicht vorstellen. Blumen – das ist wie ein Gruß aus Gottes großem Schöpfungsgarten.

Nur drei Dinge aus dem Paradies sind uns geblieben: „Sterne, Kinder und Blumen", sagt Dante. „Die Blumen von den Beeten schauen uns mit ihren Kinderaugen freundlich an", lese ich bei Goethe.

Einen Geburtstagsstrauß aus dem Garten, einen Wiesenstrauß mit Gräsern, Kornblumen und wildem Mohn können wir für Geburtstagskinder im Frühling und Sommer draußen pflücken. Aber die Geburtstagskinder in den kalten Wintertagen brauchen nicht auf fröhliche, duftende Blumengrüße zu verzichten. In den Blumengeschäften gibt es das ganze Jahr über die bunten Blumengesichter, die auch in der Winterzeit unsere Wohnzimmer hell und fröhlich machen.

Eine Christrosenblüte an einem Geburtstag in den weihnachtlichen Tagen ... ein duftender Mimosenzweig, der an andalusische Wärme erinnert – das sind Geburtstagsfreuden, die unsere Seele tanzen lassen, das Eis unguter Gedanken schmelzen und graue Tage verwandeln.

Mitten im Winter können wir uns an die Worte Ludwig Uhlands erinnern:

Die Welt wird schöner mit jedem Tag,
man weiß nicht, was noch werden mag,
das Blühen will nicht enden.
Es blüht das fernste, tiefste Tal.
Nun, armes Herz, vergiss die Qual!
Nun muss sich alles, alles wenden.

*I*n Gottes Hand geborgen

Helle und dunkle Tage

Am Geburtstagsmorgen wandern unsere Gedanken oft zurück. Die Bilder früherer Jahre stehen uns vor Augen. Da gab es viele helle, fröhliche Tage, aber auch viel Dunkelheit.
Es gibt in der Bibel eine Geschichte, die die dunklen Zeiten in unsrem Leben sehr bildhaft beschreibt: Da sitzt Jona im Walfischbauch gefangen, Dunkelheit und Wasserbrausen umgeben ihn. Und er wendet sich in seiner Not an den Herrn, er möge ihn erretten. Jona-Erlebnisse werden viele von uns gehabt haben. Und auch die Erfahrung, dass uns Einer geholfen hat – in Bombennächten, auf der Flucht, in schwerer Krankheit. – Wenn ich selbst an meine ersten Kinderjahre zurückdenke, dann steht mir ein dunkles Wasserbild vor Augen. Für eine Vierjährige war das tiefe Wasser in der Schwimmanstalt im Hafenbecken in meiner pommerschen Heimat sehr beängstigend. Es roch nach Teer, Schlick und Schiffen. Ich sollte schwimmen lernen. Damals gab es noch keine bunten „Schwimmflügelchen", mit denen unser Sohn schwimmen gelernt hat. – Es gab „Angelschnüre", die um den Körper gelegt wurden, und der Schwimmlehrer oben auf dem Steg führte mit einer langen „Angel" das schwimmende Kind. Ich erinnere mich noch deutlich an meine Angst, als ich ins Wasser springen musste. Aber dann hörte ich die beruhigende Stimme meines Vaters, der mit sicherer Hand die „Angel" hielt, und meine zap-

peligen Schwimmbewegungen wurden ruhiger. – Diese gute Hand, dieser sichere Schutz meines Vaters, diesen Segen habe ich noch oft in meinem Leben gespürt. – Ich empfinde ihn noch heute, lange nach seinem Heimgang, wie eine helle, leuchtende Spur, die meinen Lebensweg begleitet. – Und ich glaube und vertraue, dass auch Gottes Vatergüte über meinem, über unserem Leben steht und uns beschützt.

Die Erfahrung des Jona, nach der dunklen Zeit wieder ins Helle zu kommen, nach Verzweiflung wieder Freude empfinden zu können, tief auf dem Grund des Meeres zu spüren, dass Gott wirkt, eine Art rettende Wiedergeburt zu erleben – das kann uns gerade am Geburtstagsmorgen trösten und stärken.

Wenn der Herr mein Hirte ist

nach Psalm 23

Wenn der Herr mein Hirte ist,
darf getrost ich hoffen.
Er hält in der Dunkelheit
mir die Türen offen.

Wenn der Herr mein Hirte ist,
darf ich fest vertrauen.
Er wird in Gefahr und Not
Mauern um mich bauen.

Herr, du wirst von Tag zu Tag
schützen mich und führen.
Ich kann freudig
voll Vertrauen
Trost und Hilfe spüren.

Ich will folgen deiner Spur,
gehn auf deinen Wegen.
Mich umfängt
mein Leben lang
Herr, dein guter Segen.

m Geburtstagsabend

Gott segne und behüte dich

„Die Wasser singen im Schlafe noch fort", heißt es bei Mörike. „vom Tage, vom heute gewesenen Tage."
Der heute gewesene Geburtstag klingt in dir nach: War er ein Geschenk oder blieben manche Wünsche und Sehnsüchte unerfüllt …? Du hast vielleicht eine Fülle von neuen Plänen, Gedanken voller Kreativität und Phantasie auf der Schwelle zu diesem neuen Lebensjahr. – Aber Freude und Zuversicht mischen sich leicht mit der Sorge und Angst um dich selbst, um deine Gesundheit und um deine dir anvertrauten Menschen.
Schließe Frieden mit diesem Tag und mit dem Neuen, das auf dich wartet. Auch Frieden damit, dass deine Kräfte und Begabungen Grenzen haben. – In diesem Frieden kannst du die Nacht und den Schlaf in Gelassenheit empfangen: Der Segensspruch Aarons begleite dich. Gott segne und behüte dich. Gott erhebe sein Angesicht auf dich und schenke dir Frieden, auch im neuen Lebensjahr.
„Unter dem rechten Segen wird das Leben gesund, fest und zukunftsfroh" (Bonhoeffer).

> Denn er hat seinen Engeln befohlen,
> dass sie dich behüten auf allen deinen Wegen,
> dass sie dich auf den Händen tragen,
> und du deinen Fuß nicht an einen Stein stoßest.
> Psalm 91,11-12

Das wünsch ich dir zu deinem Geburtstag,
dass Engel dir gute Gedanken schicken.

Gedanken, die dich und deine Umgebung,
deine alltäglichen Dinge aufglänzen lassen
in einem besonderen Licht.

Dass der Staub der alltäglichen
Gewöhnung fortweht:
von der schönen alten Tonvase
mit den Geburtstagsblumen,
vom Herd mit all seinen Gerätschaften.

Vom Schreibtisch mit den Geburtstagsgrüßen:
Vielleicht spürst du die guten Gedanken,
die andere Menschen dir zusenden:

Luftgrüße, Herzensgrüße, gute Gebete.
Ich wünsch dir, dass du dankbar deinen
Geburtstag begrüßt und nicht klagst
über den immer schnelleren Ablauf deiner Jahre.

Geh unter Gottes Schutz und mit seiner
Hilfe in dein neues Lebensjahr.

Gebet zum Geburtstag

Geh du mit uns, Herr, in das neue Jahr,
ein Jahr mit neuen unbekannten Wegen.
Behüte uns, sei du der Fels und Hort
und schenke du uns deinen reichen Segen.

Richte uns auf, wenn wir in Ängsten bangen,
tröste und hilf du uns, gib unsern Herzen Mut.
Schick uns dein Wort,
dass wir dein Licht erkennen,
trag uns mit starken Armen durch die Flut.

An jedem neuen Morgen,
den du, Herr, uns schenkst,
gilt uns dein Wort, dass du uns liebst und lenkst.

Amen.

*I*ch will satt werden,

wenn ich erwache, an deinem Bilde   Psalm 17,15

Kennen Sie das auch – schlecht geschlafen, belastende Träume gehabt, Rücken und Hüften plagen ... und dann „graut" der Morgen. Viele Menschen wachen morgens wie gelähmt auf, sind verletzbar und meinen, den Anforderungen des Tages nicht gewachsen zu sein. – Der Beter des 17. Psalmes sagte: Du suchst mich heim bei Nacht, „Heimsuche", das ist in unserem Sprachgebrauch belastet mit schmerzhaften Vorstellungen ... Menschen werden bei Katastrophen, bei Unwetter, im Kriege, bei Unfällen „heimgesucht", d. h., sie müssen viel erleiden.

Bei dem Psalmisten aber erschließt sich in diesem Wort eine neue tröstliche Dimension. Gott sucht uns, dass wir heimkommen, er will uns eine Tür öffnen, so wie es im 23. Psalm heißt: Ich werde bleiben im Hause des Herrn immerdar.

Und dann lese ich frühmorgens nach dunkler Nacht das Psalmwort: Wenn ich erwache, will ich satt werden, an deinem Bilde.

Menschen, die in ihrem Leben viel Hunger gehabt haben, erinnern sicher, mit welcher Erleichterung und Dankbarkeit sie den ersten Bissen Brot, der ihnen zugesteckt wurde, empfangen haben.

In unseren Tagen, in unseren Breiten, haben wir dieses bohrende Hungergefühl nicht mehr. Andere Bilder, Eindrücke stürzen auf uns ein, dass es schwerfällt, zur inneren Ruhe, zur inneren Sättigung zu kommen. Wie tröstlich,

wenn uns frühmorgens in einem Psalmwort zugesagt wird, dass uns Gottes Bild, die „Schatten seiner Flügel" uns „sättigen" und begleiten den Tag hindurch, von Jahr zu Jahr von neuem.

Jahresringe

Geburtstag – das ist ein Tag zum Denken und Danken, ein Tag zur Rückschau auf das, was war. Wie bin ich geworden, wie ich bin?

Das Bild der Jahresringe, wie Bäume sie haben, kann bei der Rückbesinnung hilfreich sein. Neben der Wurzel sorgen die Jahresringe von der Mitte her für Festigkeit und Stärke. Jahr für Jahr kommt ein Ring dazu. Dabei gleicht kein Ring dem vorigen.

Der Baum erlebt gute und schlechte Jahre, mal dürre Zeit, mal saftige Zeit – wie wir sie auch erleben. Kein Jahr ist überflüssig. Jedes Jahr tut das Seine zum Wachsen hinzu. Jedes Jahr hat seine Wirkung.